...oder doch bedingungslose Liebe?

Carsten Baroth

...oder doch bedingungslose Liebe?

Carsten Baroth öffnet sein Privatarchiv

Bibliografische   Information   der   Deutschen Nationalbibliothek:

Die Deutsche Nationalbibliothek verzeichnet diese Publikation in der Deutschen Nationalbibliografie; detaillierte bibliografische Daten sind im Internet über http://dnb.dnb.de abrufbar.

Illustration: **Carsten Baroth**
Impressum: **Carsten Baroth,**
Flehmestr2, 58642 Iserlohn
TEL:+49 1704695910
carstenbaroth@hotmail.com
www.gesundheit2012.com

Herstellung und Verlag: BoD – Books on Demand, Norderstedt

ISBN: 9783753460994

Inhalt

Vorwort 8

1. Kapitel: Trennung löst Lebensfragen aus 9

2. Kapitel: Rückblick auf meine Kindheit 11

3. Kapitel: Wilde Jugendzeit 14

4. Kapitel: Fast erwachsen 21

5. Kapitel: Frauengeschichten und
   Untersuchungshaft 25

6. Kapitel: Wieder einmal aufstehen 31

7. Kapitel: Neustart auf Mallorca 33

8. Kapitel: Wie ich Lena kennenlernte 38

9. Kapitel: Gemeinsame Erfahrungen 41

10. Kapitel: Ärger am Horizont.......................... 46

11. Kapitel: Vor die Tür gesetzt 49

12. Kapitel: loslassen und vergeben.................. 52

Hier noch einige heilsame Methoden, die mir
   immer geholfen haben: 55

Vorwort

Dieses Buch ist entstanden, weil ich schon seit Jahren plane, mein Leben in Gedanken und Worten nieder zu schreiben. Mein besonderer Dank gilt in erster Linie meinen Eltern, Ruth & Dieter Baroth, die uns immer den richtigen Weg weisen wollten und mit uns Kindern durch Höhen und Tiefen gingen. Durch sie wurde ich getragen und bitte um Verzeihung, für Fehler die ich gemacht habe, Unverständnis für manche Dinge, die ich aus heutiger Sicht, damals hätte anders machen sollen. Ergänzend der Hinweis auf tiefe Einsicht, die ich bis heute u. a. durch Euch erlangt habe. Danke!

Carsten, 8.8.2020

...(mögen sowohl meine jungen als auch älteren Leser die Möglichkeit haben, über das Geschriebene nachzudenken und vielleicht für sich zu entscheiden, die ein oder andere Situation zu überdenken und Missverständnisse/Fehler zu vermeiden im Sinne eines sinnerfüllenderen Lebens) ....

1. Kapitel: Trennung löst Lebensfragen aus

E s begann ein Tag, an dem ich dachte: Das war es mit meinem Leben! Mir erschloss sich der Sinn nicht. Die Situation war folgende: Lena, meine Freundin hatte mich verlassen und war nun mit Gabriel, vormals einem guten Freund von mir zusammen. Und auch meine Tochter, Zoe Dana, war nicht mehr bei mir.

Zu allem Überfluss war Lena auch noch schwanger: von Gabriel!

Mit Gedanken über diese wiederkehrenden, verstörenden Situationen saß ich nun da und fragte mich „Warum passiert mir das immer wieder? Warum wiederholen sich Situationen, die sich wie ein roter Faden durch mein Leben ziehen? Was gab es da aufzulösen, sollte ich so weitermachen oder ging es darum, die bedingungslose Liebe bei sich selber zu finden und auch die bedingungslose Liebe zu leben?

Fragen über Fragen, die ich für mein weiteres Leben gerne geklärt hätte. Für mich gab es nur einen Weg: erst einmal bei sich selber zu schauen, frei von Schuldgefühlen, Schuldzuweisungen und Selbstkritik zu werden. Und die Erkenntnis „das habe ich mir selbst ins Leben gerufen", strömte auf mich ein.

Zurück zu den Anfängen. Ich begann dieses Buch im Alter von 47 Jahren zu schreiben. Genauer gesagt, am

1.10.2013. Zu dieser Zeit befand ich mich auf dem Marktplatz in Krakau, Polen.

Beim Niederschreiben bzw. beim Beginn meines „Lebensbuches" hielt ich es für erforderlich, gedanklich zu den Zeiten zurückzukehren, an die ich mich noch sehr gut erinnern konnte und die prägend und richtungsweisend schienen.

Im Alter von neun Jahren gab es schon eine große Konzentriertheit bei mir, man kann es auch Fokussierung nennen. Es hieß, Umstände herbeizuführen, an die ich FEST glaubte, sie mir bildlich vorzustellen und dann trafen sie ein.

Dass sie „einfach so" passieren können, wenn ich mich nur stark genug konzentrierte, glaubte ich und erschuf mir ein gutes Gefühl dabei.

In Coburg, der Geburtsstadt meiner Mutter, ereignete sich eine solche Erst-Situation. Als sportbegeisterter Fan von Rasenfußball bereitete es mir große Freude, dem Spiel der 10-15-Jährigen zuzuschauen. Ich stellte mich hinter das Tor, meine Schüchternheit ließ es nicht zu, die Frage an die „Großen" zu stellen, ob es eine Möglichkeit gäbe, dort mitzuspielen. So stellte ich mich 10 Meter hinter das Tor und schoss fehlgeschossene Bälle wieder zurück aufs Spielfeld.

Dabei stellte ich mir bildhaft folgende Situation vor:

Die Kinder schießen immer wieder den Ball hinter das Tor, ich hole ihn jedes Mal und schieße ihn wieder ins Spielfeld zurück. Dann fragt mich ein Junge aus der Mannschaft, ob ich mitspielen möchte. Ich stellte mir genau vor, dass sie dann eine neue Mannschaft bilden und mich als Letzten wählen. Sie kennen mich ja noch nicht ;-) . Anschließend würde ich ganz viele Tore schießen und und wäre der Beste in der neuen Mannschaft.

Von nun an würde ich immer als Erster gewählt und spiele immer dort mit. Und zehn Minuten später passierte es dann, nachdem ich schon sehr viele verschossene Bälle zurückgeschossen hatte:

Ein Jugendlicher kam auf mich zu, erklärte mir, jemand müsse nach Hause und fragte mich, ob ich Lust hätte mitzuspielen. Und so geschah es - genau so, wie ich es mir vorstellt hatte. Ich wurde als Letzter gewählt, schoss viele Tore für unsere Mannschaft und war der beste Spieler in unserer Mannschaft. Von nun an wurde ich immer als Erster gewählt. Viele neue Freundschaften entwickelten sich.

Hier wurde mir ganz klar bewusst, dass das „Gesetz der Anziehung" genau so funktioniert.

Du brauchst es dir nur bildlich vorzustellen und ein gutes Gefühl dabei zu haben.

2. Kapitel: Rückblick auf meine Kindheit

Ein Sprung zurück in Kindheit. Ich verbrachte sie in Iserlohn mit Eltern, die ich für aufgeschlossen und locker hielt und meiner Schwester Simone. Meine Erinnerungen sind getragen von Bildern, in denen meine Mutter sprichwörtlich einen Putzfimmel hatte und mein Vater sehr viel arbeitete.

Trotz aller zeitlichen Engpässe ermöglichten sie unserer Familie zweimal jährlich einen schönen Urlaub in den Bergen, an der See oder in Südtirol. Ich empfand die Urlaube immer als sehr schön.

Prägend war das Alter von neun bzw. zehn Jahren. Ich begann, die Ängste oder Nichtaufmerksamkeit meiner Mutter mir gegenüber mit damaligem plötzlich auftretendem Bettnässen zu verarbeiten. Es war sicher für alle unangenehm, doch besonders meine Seele litt.

Einen richtigen Knacks verpasste es mir, als meine Mutter nichts Besseres zu tun hatte, als dieses überall an die große Glocke zu hängen und all meinen Freunden und Bekannten zu erzählen. Es war, als hätte ich das Schild „Bettnässer" vor der Stirn kleben, wenn ich durch unseren Ort ging.

Es konnte auch nicht förderlich sein und ich fragte mich auch immer wieder, was meine Mutter antrieb, mich vor meinen Freunden in aller Öffentlichkeit derart bloßzustellen.

Das war ein zutiefst verletzender Eingriff in meine Seele und eine Attacke auf mich, der ich nicht gewachsen war. Wenn ich mich zurück erinnere, fing das Bettnässen mit acht Jahren an. Meine Eltern stritten sich lautstark. Meine Mutter hatte die „Begabung" in jeglichen Diskussionen „noch Einen drauf zu setzen" und das letzte Wort zu haben. Ich bekam diese verbalen Attacken meiner Eltern mit, die mit meine sensible Seele verletzten.

Apropos Seele: eine große Freude bereitete mir, Musik aufzunehmen und Cassetten vorzubereiten. Bedingt durch den Putzfimmel waren die von mir liebevoll beschrifteten, vorbereiteten Sachen natürlich weggeräumt – das Ergebnis ihres Putzfimmels.

Meine Mutter hatte die Begabung, mich zu Weißglut zu treiben.

Dabei wollte ich doch nur meine Ruhe. Diese bot jedoch mein Durchgangszimmer ohne Privatsphäre nicht. Eines Tages gipfelte dieses wiedermalige, penible Auf- und Wegräumen darin, dass ich sie anschrie, die Tür zuschlug, in der dann ihr Arm klemmte.

Der war gebrochen.

Aus heutiger Sicht hat meine Mutter Selbstliebe leider nicht kennen lernen dürfen und auch von heute aus betrachtet, besteht meiner Meinung nach noch ein altes Muster. Immer nur im Außen schauen, nicht so gerne nach Innen. Sie hatte immer darauf Wert gelegt, was die anderen Menschen, Nachbarn usw. über uns denken könnten oder auch über uns Kinder im Besonderen. Ich kann mich nicht erinnern, dass meine Eltern mal gekuschelt haben, noch gesagt „ich liebe Dich". Was andere über uns dachten oder über uns sagten, hatte den größten Stellenwert bei ihr.

Diese liebevollen Dinge wurden weder zu uns Kindern noch zu sich selber eingestanden. Vielleicht aus diesem Grunde konnte ich es selbst auch noch nicht richtig lernen.

Ich möchte meinen Lesern das Bewusstsein schärfen, um aufzudecken, ob sich vielleicht bei ihnen selbst ein ähnliches Verhaltensmuster befindet, was es gilt zu überdenken und aufzulösen. Vielleicht ist dies ein kleines Aufrütteln, immer genau hinzuschauen, was gerade passiert und auch darüber nachzudenken, wie empfindlich alle unsere Seelen sind.

3. Kapitel: Wilde Jugendzeit

E in Sprung: Mit 12/13 Jahren begann die wildeste Zeit. Ich wurde zum Rebell! Alles was vermeintlich nicht erlaubt war, bereitete mir größte Freude.

Einer meiner besten Freunde, Ralf, passte genau diese neu gewonnene Freiheit, Dinge auszuführen, die grenzwertig waren.

Wir brachen Kaugummiautomaten auf, feuerten Erdklumpen auf jüngere, schwächere Mädchen ab und freuten uns auf alle Streiche, die wir den ganzen Tag so spielten.

Immer aufzufallen, lustige Sachen zu entdecken und mutig zu sein, darauf kam es uns an.

Die Realschule nahm ich nicht ernst. Dort absolvierte ich die 5. und 6. Klasse. Volker, Ralf und ich waren DAS eingeschworene Chaosteam. Von der Schule flog ich mit drei Fünfen und einer Sechs. Zur Belustigung meiner Mitschüler habe im Chemie-Unterricht die gesamten Klassenarbeiten über dem Bunsenbrenner verbrannt. Beim Sportunterricht sollten Mannschaften zusammengestellt werden, ich jedoch saß grinsend oben auf dem Basketballkorb und fügte mich nicht ins 1, 2er abzählen, sondern rief 3!!

Der Blödsinn nahm kein Ende, Lehrerautos wurden mit Eiern beworfen, in Klopapier eingewickelt, die ganze Latte rauf und runter.

Mein Sportlehrer wusste, dass ich ein guter Sportler war, jedoch aufgrund ausgeprägter Chaos-Mentalität und Rebellion, sagte er mir: „Ich kann dir nur eine Fünf auf dem Zeugnis geben. Du machst einfach zu viel Blödsinn im Sportunterricht."
Darauf entgegnete ich ihm: Was wäre, wenn ich bei den Bundesjugendspielen der Beste der ganzen Schule werde?" Darauf antwortete er: „Ok, dann könnte ich dir vielleicht noch eine Zwei geben". Das war wieder eine gute Herausforderung für mich :-). Ich wollte unbedingt Klassenbester und Schulbester bei den Bundesjugendspielen werden. Wieder setze ich die Methode der Vorstellungen ein, die ich zuvor schon erfolgreich angewandt hatte. Ganze zwei Tage machte ich mich mit diesen Gedanken vertraut, wie ich die Disziplinen erfolgreich ausführte. Ich stellte mir alles genau vor und das Gefühl, von allen beglückwünscht zu werden. Und siehe da, es funktionierte wieder! Ich wurde Schulbester. Wieder hatte ich alles erfolgreich angewendet.

In unserer Straße gab es Gangs, die sich „die Elche" oder „Torros" nannten. Sie waren alle etwas älter, so zwischen 16 und 26 Jahren. Auf dem Schulhof und vor dem Schuleingang der Brüderstraße gab es immer Treffen. Da wir genau dort wohnten, war ich natürlich immer mitten im Geschehen. Mich mochten die Gangmitglieder, weil ich ein guter Fußballer war und für die Großen immer Bier am Kiosk kaufte. Dafür gaben sie Trinkgeld und ich kaufte mir dann ein Eis oder Süßigkeiten.

Einmal versuchten die Bandenmitglieder mir zu sechst einen Besenstiel durch die angezogene Jeansjacke zu ziehen, um mich dann wie Jesus am Kreuz an einem Gitter an der Schule aufzuhängen. Ich habe mich so stark gegen die sechs Personen gewehrt, dass sie es nicht geschafft haben. Sie ließen dann irgendwann los, weil ich am Boden lag und sie mir die Jeansjacke dabei zerrissen hatten. Dann ließen sie von mir ab und ich lief heulend nach Hause. Dort erzählte ich meinen Eltern davon. Doch ich habe sie nicht verpfiffen, habe nur gesagt „die Großen" haben das bei mir versucht. Das haben sie mir hoch angerechnet.

Fußball war nach wie vor mein Lieblingssport. Wir, mein Freund Ralf und ich, fühlten uns großartig, wie das eingeschworene Team Tom Sawyer & Huckleberry Finn. Ralf war beim Fußballspielen immer mit „Körpereinsatz" dabei. Er schaffte sich Platz, indem er den Gegner meistens mit dem Körper und Ellenbogen wegschubste, um an den Ball zu kommen. Das machte ihn allerdings nicht gerade beliebt – bei allen anderen Kindern.

Ich war der „Spargeltarzan", ein Name, den ich nicht gern hörte. Meine Mutter gab ihn mir, weil ich so dünn war. Ich war ein sehr guter Techniker und konnte gut mit dem Ball am Fuß umgehen.

Der Name Spargeltarzan haftete weiterhin an mir, was mit immer sehr missfiel. Man konnte mir bis auf die Rippen schauen, denn ich war ein sehr dünner Junge. Der Zufall wollte es, dass es im Fußballverein Schalke mein Idol, Hannes Bongartz, gab. Dieser hatte witzigerweise ebenfalls den Namen „Spargeltarzan". So bekam der Name ein neues Gewicht für mich und ich trug ihn logischerweise mit Stolz.

Beim Fußball gelang es mir auch wieder, nur durch meine Vorstellungskraft und das Gefühl sehr erfolgreich zu sein. So wählte ich die vermeintlich schwächeren Mitspieler zu mir. Ich stellte einen guten Spieler ins Tor und stellte mir wieder vor, dass wir trotzdem gewinnen. So kam es auch wieder.

Ich schoss wieder viele Tore und wir gewannen das Spiel. Unserem Team vermittelte ich das Gefühl von Erfolg, Freude und Anerkennung und dass wir alles schaffen können.

Mit 13 Jahren fing auch der Alkohol an, bei mir eine Rolle zu spielen. Wir waren ja jung und überaus cool.

Bier, Barcardi, Batida de Coco, Whiskey, Genever… alles war Programm. Freitagsabends trafen wir uns vor dem Fußball bei Ralf im Kinderzimmer. Meistens waren wir zu dritt: Ralf, ich und Mikel, ein Deutsch-Italiener.

Wir spielten immer 6,11, 3 Hatte, ein Trinkspiel. Wenn bei drei Würfeln die Augenzahl 6 oder 11 war, oder man drei gleiche Würfel hatte, musste man ein 0,2 Glas Bier auf ex trinken. Wir würfelten, führten Strichliste und das Bier floss in Mengen. Es gipfelte darin, dass der Erste über der Kloschüssel hing und sich übergab.

Es galt, ein Glas Bier in 0,2 l auf ex zu trinken. Manchmal stoppten wir die Zeit, um zu schauen, wie schnell derjenige es geschafft hatte. Der „Gewinner" hatte meistens so die Menge von 20-25 Bier intus, 4 bis 5 Liter Bier!

Der Alkohol machte uns ja mutiger, am Wochenende die Mädchen in den Discos anzusprechen.

An eine Geschichte kann ich mich besonders erinnern, weil ich noch eine Narbe davon an meinem Arm habe. An einem Freitagabend hatten wir schon ein Kiste Bier zu dritt geleert.

Wir hatten schon alle ein Mofa, da waren wir also 15 bis 16 Jahre jung. Wir waren noch durstig und spielten aus, wer zum Kiosk fahren und die leere Kiste umtauschen würde. Der Kiosk war nur zwei Straßen weiter unten.

Ich sollte der Fahrer sein und Ralf sollte die Kiste Leergut hinten drauf mitnehmen. Unten am Mofa angekommen, sagte ich zu Ralf: „Pass auf Ralf. Du fährst mit deiner Mofa hin und ich setze mich hinten drauf und zurück fahre ich, ok?" Ok, lallte Ralf.

Das war keine gute Idee, denn Ralf war noch voller als ich ;-).

Ralf machte das frisierte Mofa an und ich setzte mich hinten drauf. Links und rechts jeweils 10 Flaschen Bier in einer Plastiktüte. Ich konnte mich ja kaum festhalten. Ralf fuhr los. Nach etwa 50 Meter kam die erste Rechtskurve. Wir schaukelten von rechts nach links und wieder zurück, lachten laut und landeten mit dem Mofa voll vor der Hauswand.

Benzin lief aus, überall Scherben und wir mittendrin.

Wir hoben das Mofa auf, stellten das Benzin ab. Wir schoben es auf die andere Straßenseite und versteckten es im Gebüsch. Dann sahen wir, dass wir beiden an den Armen bluteten. Wir schellten bei den Anwohnern und eine nette ältere Dame versorgte uns mit Wundpflaster. Danach liefen wir zurück, holten Mikel ab und gingen zum Krankenhaus. Dort angekommen, gingen wir getrennt hinein und erzählten ihnen eine Geschichte, dass wir ausgerutscht und in Scherben gefallen seien. Ralf wurde am Oberarm genäht und ich am Ellenbogen mit sechs Stichen. Jedoch war die Nacht noch jung: erst 0:00 Uhr. Also ab in die Disco, die gleich in der Nähe vom Krankenhaus war. Wir schlichen uns sogar kostenlos rein, taten so ob wir schon mal drin waren. Zeigten unseren Arm, als ob wir einen Stempel zum Rausgehen gehabt hatten. Dann feierten wir bis morgens um fünf Uhr. Aufgewacht bin ich dann irgendwo auf der Gästetoilette bei meinen Eltern im Haus. Mann war das eine Nacht!

Meine erste Alkoholvergiftung mit 14 möchte ich nicht verschweigen. Wir, Ralf und ich fuhren von Iserlohn nach Letmathe, das nur 20 Min. entfernt war. Mikel, der von dort war, stellte uns seine Kumpels Tarzan und Lärchi vor. Gemeinsam ging es ab in den Supermarkt, wir kauften zwei Flaschen Lambrusco und zwei Liter Apfelkorn. Wir mussten ja beweisen, wie cool wir sind. Zu dritt bzw. zu viert wurde alles geleert. Nach einer Stunde im Park, am frühen Nachmittag, nachdem wir alles ausgesoffen hatten, ging es uns dementsprechend übel. Mir sehr! Tarzan meinte, ich müsse rennen, dann würde die Mega-Übelkeit sich verflüchtigen. Ich konnte kaum noch stehen, geschweige denn laufen. Und Ich wollte auf keinen Fall den Finger in den Hals stecken. Ich rannte mit ihm und alle 10 Meter musste ich mich im hohen Bogen übergeben. Aber ich sagte den anderen, es würde schon gehen. Ich verabschiedete mich an der Bushaltestelle in Letmathe. Es war mittlerweile 19 Uhr und ich stieg ein. An was ich mich dunkel erinnere, ist, dass ich den Platz vorne links nahm, dort wo normalerweise ein Behindertenplatz ist, ich winkte noch....und dann wurde mir schwarz vor Augen.

Ich wachte auf und dachte „hey!", klopfte mit meinem Ellenbogen an die Wand und erinnerte mich, dass ich in MEINEM Zimmer nicht so eine Heizung habe, zudem erschien mir die Zimmerdecke sehr hoch. Wo war ich? In Letmathe? In Iserlohn? Liege ich etwa auf einer Bahre Im Krankenhaus? Ich stand auf und gleich darauf kam mir eine Krankenschwester entgegen, die fragte „Na, ausgeschlafen?" Auf meine Frage „wo bin ich überhaupt?" sagte sie: „Du bist in Iserlohn im Bethanien-Krankenhaus." Mein einziger Gedanke war „Ach Du Scheiße!" Sie hatten mir den Magen ausgepumpt und die Schwester gab mir nochmals Medizin. Jedoch wurde mir wieder schlecht. Ich dachte, ich müsse mich erneut übergeben, aber da war ja nichts mehr außer dem Würgereflex... Horror.

Es kommt was kommen muss... mein Papa holte mich ab, brachte mir eine Flasche Wein mit, schimpfte mit mir und sagte zu mir „hier Du Penner, sauf das aus". Recht hatte er ja, vom Alkohol war ich erst mal geheilt, …dachte ich…, aber es hielt nicht lange an. In der Schule wussten natürlich alle, was los war, weil es sich wie ein Lauffeuer rumgesprochen hatte. Der "Alkoholentzug" hielt jedoch nicht lange…vielleicht 14 Tage, denn der Spaßfaktor war einfach zu groß! Das dadurch gewonnene neue Selbstvertrauen war sehr stark. Wir soffen regelmäßig freitags, samstags und sonntags durch. Dazu kamen dann noch ein paar Joints, die nicht immer, jedoch einige Male eine Bewusstseinserweiterung nach sich zogen. Aber zur Bewusstseinserweiterung später.

Zum Kiffen kam ich erst mit 16. An einem Freitag bei Ralfs Kumpel aus der Realschule traf ich auf Bartschi, einen sehr lockern Typ mit langen, blonden lockigen Haaren, sehr sympathisch, Typ Alternativer und er hatte die Kiffersprache drauf – „locker bleiben" und so. Ich wollte nicht kiffen, da ich gerade erst vom Boxen kam und meinen Körper so langsam auf Vordermann bringen, stärker werden wollte. Der Körper formte sich, ich hatte Hanteltraining begonnen.

4. Kapitel: Fast erwachsen

Es kam jedoch so „6-11-3 Hatte", das Spiel, begleitet von der damaligen tollen Mucke wie Fleedwood Mac, Marius Müller Westernhagen, 80er Rock Musik.

Bartschi machte die Rakete fertig. Alle waren gut drauf und Bartschi baute den Joint wie eine Rakete. Er erzählte es sei „Natur", sogar besser als Alk und er machte ein Ritual daraus, als er sie anzündete. Zigarette mit Haschisch, spitz zugedreht….Ralf machte alle Türen und Fenster zu und jeder zog an der Rakete, bis auf mich. Aber der Rauch war ja im Zimmer war, und so stark, dass ich schon alleine davon benommen war. Wir sangen alle und waren tierisch gut drauf und sangen bis zum nächsten Morgen…

Richtig gekifft habe ich dann erst im darauffolgenden Sommer, im Holland-Urlaub mit 16 Jahren. Da hatten wir drei Wochen lang gezeltet. Jeden Tag gesoffen, gekifft, Sex mit verschiedenen Mädels gehabt, eine abgefahrene Zeit. Morgens wurde mit vier oder zwölf Personen geknobelt. Bis zum Umfallen gespielt, mittags zum Strand, abends ein Mädel mit ins Zelt genommen oder ich bei ihr eingeschlafen.

Mein richtiges erstes Mal hatte ich mit 14 oder 15 in Gevelsberg, die Feier fand in einer Garage statt, kam aber nicht so richtig in Gang. Heike war 19 und in meinen Augen eine sehr reife Frau. Zuvor hatten Ralf und ich uns sofort volllaufen lassen und ich habe mit Heike angebändelt. Sie fragte, ob wir mal ein bisschen spazieren gehen wollten. Während wir den Feldweg knutschend hochgingen, fragte sie mich, ob ich schon einmal mit einem Mädchen geschlafen habe. Ich: „natürlich"! Ich wollte ja cool sein, zudem hatte ich vorher schon genug Pornos geschaut und wusste theoretisch, wie es geht. Heike wusste ganz genau, was sie wollte; nämlich: mich entjungfern. Sie knöpfte meine Hose auf, nahm meinen eh schon steifen Penis in den Mund und nuckelte wie ne Eins und ich rieb an ihrer Muschi, die ganz schön nass war. Dann legte sie sich hin und ich mich auf sie und steckte ihn rein. Gerade richtig in Fahrt, rief jemand: „Carsten, wo bist du? Wir müssen fahren." Karl-Heinz, der Vater von Ralf, rief nach mir. Das konnte ja wohl nicht sein!! Ich wollte unbedingt weiter machen, doch er hörte nicht auf zu rufen. Wir mussten also aufhören! Schnell zogen wir uns an und gingen ihm entgegen. Karl-Heinz wusste genau, was wir auf dem Feldweg getan hatten. Er grinste, und als wir im Auto saßen, bekam ich richtig Magenschmerzen. „Das sitzt wohl etwas tiefer als Magenschmerzen", meinte er. Er war immer schon gut drauf, der Karl-Heinz!

Bei Ralf zu Hause angekommen, erzählte ich ihm natürlich die Story mit Heike. Ralf meinte: „Hey Junge, du hast einen Samenkoller, du musst Dir einen runterholen." Er gab mir ein Pornoheft, nochmals mit Hinweis, mir einen runterzuholen. Ich war so froh, dass die doppelte Menge herauskam und es mir viel besser ging. Ich war erleichtert und konnte nun endlich gut einschlafen.

Ralf und ich haben viel Blödsinn gemacht. Angefangen über Sex mit Jungens, nebeneinander, übereinander, Pornos geklaut, Pornos geschaut, im Pornoladen eine Babydoll-Puppe geklaut, aufgeblasen, im Keller haben wir sie zu dritt versucht zu erledigen. Mit schnick-schnack-schnuck wurde die Reihenfolge für unsere Doll festgelegt. Ralf als Erster, ich als Zweiter, Manuel als Dritter. Dann haben wir Mofas geklaut, Autos aufgeknackt. Von 12-19 Jahren haben wir das getan. Es war eine wirklich harte Zeit. Ich

hörte mit Fußball auf, da mich Boxen mehr interessierte. Die Dramatik hörte dann ein bisschen auf.
Ich bin dann beim Tae Kwon Do geblieben.
Das Klauen wurde echt zur Sucht. Wir sahen es als Scherz und wollten herausfinden, wie weit wir gehen können. In Iserlohn gingen wir in den Contra. Wir hatten eine große Tasche dabei. Wir holten den Einkaufswagen, taten Fleisch und Alkohol, hinein, ich ging am Schokoladenregal entlang, fegte mit dem Arm darüber – alles in die Tasche (1/2 m. 40 cm hoch wie eine Tennistasche). Am Ende hatten Ralf und ich beide Taschen voll und gingen ohne zu bezahlen an der Kasse vorbei, ohne mit der Wimper zu zucken. Draußen lachten wir uns schlapp, wie jemand DAS nicht bemerken konnte.
Ralfs und meine Eltern waren ja auch nicht reich, wir kamen beide aus einer Arbeiterfamilie. Wir fuhren mit dem Zug nach Dortmund und gingen in ein Adidas Sportgeschäft. In der Kabine waren zusätzlich zu den Sportklamotten Anzüge hinter dem Vorhang. Ralf rief mich, teilte mir das mit und ich sagte: „Zieh dir 2-4 drunter und deine Sachen drüber!" Er hatte drei Anzüge drunter und sah aus wie ein überproportionales Michelin-Männchen. Dann fragte er mich lustigerweise: „Fällt das auf?" Ich: „Nein, überhaupt nicht" und lachte. Wir gingen tatsächlich schnurstracks aus dem Laden ohne Zwischenfall und haben uns draußen vor Lachen gekringelt.

Dann ging es ins Pornokino für einen Euro. Haben uns da noch einen runtergeholt und sind mit dem Zug nach Iserlohn zurück. Die Anzüge haben wir aufgeteilt und meine Eltern fragten sich natürlich, woher wir das Geld hatten. Ich sagte, Ralf hätte sie mir geliehen und umgekehrt. Nur Blödsinn im Kopf.

Der erste Zungenkuss ,-)

Ralf hatte ein Mädchen kennengelernt aus dem Heim, ich ebenfalls, wir waren 12 und 13. Es sollte der erste Zungenkuss werden, mit zusätzlichem Gegrapsche an den Brüsten. Wir haben geschaut, ob der andere „fertig" war und die Mädels hegten Hoffnung auf eine Beziehung. Das hatten wir natürlich nicht im Sinn, sondern gingen in die Disco mit der klaren Aussage: das war nur „mal so".

5. Kapitel: Frauengeschichten und Untersuchungshaft

Meine erste feste Freundin hatte ich erst mit 19.
Mit 19 wurde ich etwas seriöser. Silvia lernte ich in der Disco kennen. Sie war hübsch, doch für meine Verhältnisse zu sehr geschminkt, genauso wie meine Mutter. Ich mochte das nicht, so dass ich nach sechs Monaten im Park Schluss gemacht habe.
Dann habe ich Andrea kennengelernt, für mich war sie eine blonde Rakete. Habe sie in der Stadt gesehen, und war hin und weg von ihr. Habe sie dann in der Disco wiedergesehen – ich wie immer voll

stramm – und musste sie trotzdem ansprechen. Ich zu ihr hin: "Können wir uns mal treffen?" Es klappte. Beim ersten Date in ihrer kleinen Wohnung merkte ich zwar, dass sie einen Putzfimmel hatte, wie meine Mutter, jedoch im Bett lief alles bestens.

Andrea wurde auch schwanger von mir, jedoch kam mir die Verantwortung für ein Kind als zu hoch vor. Der Schritt war, dass sie das Kind abtreiben ließ. Noch heute tut es mir leid und ich merke, dass ich am Thema Verantwortung übernehmen, noch einiges aufzuarbeiten hatte.

Gleichzeitig leistete ich meinen Zivildienst ab, im Evangelischen Kinderheim in Iserlohn. Wegen meiner „Chef –Allergie" konnte ich natürlich nicht zur Bundeswehr gehen. Ich hatte meine erste WG mit Nadim in Iserlohn.
Jeder hatte seine kleine eigene Wohnung und wir ließen die Flurtür offen, damit wir überallhin konnten. Nadim und ich waren zusammen im Zivildienst es gab auch Jugendliche dort, die aus dem Jugendgefängnis wieder eingegliedert werden sollten. Nadim hatte sich mit Martin angefreundet, der immer noch kriminell unterwegs war und kleine Diebstähle in Iserlohn begangen hatte.
Dann war er auch mal bei uns in der WG und sagte, er brauchte jemanden, der immer aufpasst, wenn er kleine Einbrüche macht.
Wir hatten ja in der Zivildienstzeit nicht ganz so viel Geld und dachten, wenn wir nur Schmiere stehen, ist das Risiko ja sehr gering.

Also machten wir abwechselnd kleine Einbrüche zusammen, wobei Nadim und ich immer nur aufgepasst haben.

Irgendwann sagte Martin, er würde gerne nach Rottweil fahren, wo er aufgewachsen sei.

Ich bot an, ihn dort hinzufahren. Er meinte, er würde sich dann erkenntlich zeigen und dort ein paar Einbrüche dafür machen. Ich stimmte zu und wir fuhren los.

Am Abend im Rottweil angekommen, gingen wir in eine Kneipe. Es war Geld in zwei Spielautomaten. Dann sagte zu mir: „Die sind beide rappelvoll, die mache ich morgen Abend leer".

Nächsten Abend wollte er alleine dort reingehen und ich sollte wieder draußen aufpassen.

Ich war aber so neugierig und wollte mal wissen, wie er das überhaupt alles so macht. „Ich komme heute mal mit rein und schaue mir das mal an, ok?", fragte ich.

Als wir beide dort im Ladenlokal einstiegen und er die Automaten ganz locker mit einem Brecheisen aufbekommen hatte und wir das Geld rausholen wollten, schien mir eine Taschenlampe ins Gesicht mit dem Satz der Polizei: „Stehen bleiben"! Zwei Polizisten waren plötzlich in dem kleinen Raum und ein Polizist drückte mich mit seiner Pistole gleich in die Knie.

Martin und der andere Polizist kämpften wohl herum. Ich konnte ja nicht mehr viel sehen. Dann hörte ich nur einen lauten Knall und der Polizist, der mich festhielt, schoss auf Martin.

Martin versuchte noch, aus dem Fenster zu kommen und brach vor dem Fenster zusammen und verstarb an der Schussverletzung.

Ich war total geschockt und man brachte mich auf das Revier.

Am nächsten Tag bin ich dem Haftrichter vorgeführt worden. Der sagte: „Sie kommen jetzt in Untersuchungshaft". Meinen Pflichtverteidiger fragte ich darauf hin, wie lange ich dort wohl sein werde. Er meinte, es würden so ca. drei Monate sein, bis zur Verhandlung. Da bin ich ausgeflippt, habe ihn weg geschubst und bin durch das Gerichtsgebäude gerannt, durch ein offenes Fenster aus dem zweiten Stock gesprungen, unten abgerollt und weiter gelaufen.

Wie im Film!

Unten auf der Straße angekommen bin ich weitergelaufen und hatte mich dann eine Weile in einer Garage versteckt. Die ganze Stadt suchte mittlerweile nach mir, und nach ca. zwei Stunden hatten sie mich gefunden und ich wurde in U-Haft nach Rottweil gebracht. Das hatte sich wohl dort auch herumgesprochen und ich wurde in Einzelhaft gesteckt.

Ich bekam Albträume und habe nachts viel geweint. Und hatte immer noch diesen lauten Knall im Kopf von der Pistole. Ich habe dann meinen Vater angerufen, der mir einen Anwalt holte und ich kam nach drei Tagen frei auf Kaution mit 10.000,-DM. Später wurde ich dafür verurteilt auf drei Jahre zur Bewährung. Das war eine harte Lehre.

Auch hier hatte ich nicht auf die Dinge gehört, mit denen sich schon vorher ein Desaster abgezeichnet hatte. z.B., dass das Auto vor der Reise nicht ansprang. Ein Auto, was Martin vorher klauen wollte, funktionierte nicht. So viele Hinweise, dass ich hätte auch darauf hören sollen. Wenn man Schlechtes tut, bekommt man sofort die Quittung!

Ich habe es wohl erst dann verstanden.

In dieser Zeit hatte Andrea wirklich zu mir gehalten und sie wusste ja auch nie großartig etwas von meiner kriminellen Vergangenheit in der Zivildienstzeit.

Andrea hatte nur gemerkt, dass ich immer viel Geld hatte. Sie hielt immer zu mir, dafür bin ich sehr dankbar und ich habe sie eingeladen nach Italien an den Gardasee, um mal abzuschalten.

Andrea und ich waren ca. fünf Jahre zusammen und wir fuhren oft in die Türkei, um Urlaub zu machen.

Ich blieb länger als drei Wochen, weil ich noch dort gute Möglichkeiten sah, einfach gutes Geld zu verdienen. Andrea war ja Krankenschwester und hatte nur drei Wochen Urlaub. Ich wollte drei Monate bleiben.

In Kemer hatte ich Baysal, einen Türken mit Wurzeln aus Österreich kennengelernt. Wir organisierten Bootstouren für die Touristen und teilten uns dann das verdiente Geld brüderlich 50 /50. So war ich dort drei Monate in der Türkei. Mit Andrea hatte ich dann immer telefonischen Kontakt. Eines Abends, als ich wieder mit Andrea telefonierte, bekam ich so ein komisches Gefühl. Ich hatte das Gefühl, sie würde mir was verheimlichen und machte so komische Bemerkungen mit anderen Männern.

Ich wusste jetzt nicht, ob ich noch länger bleiben sollte oder zurück nach Deutschland zu Andrea nach Iserlohn gehen sollte.

Da warf ich eine Münze, um diese Frage zu beantworten. Obwohl das Münzwerfen negativ für Iserlohn ausging, bin ich zurück geflogen. Ich wollte Andrea überraschen und erzählte ihr nichts vom meinem Rückflug.

Als ich abends ankam in Iserlohn, also ein paar Tage eher als geplant, sah ich schon Licht an ihrem Fenster. Jedoch machte mir keiner nach dem Schellen auf. Sie stand dann am Fenster, und sagte sie habe Besuch und könne mir jetzt nicht öffnen. Da war mir schon einiges klar.

Meine Intuition hatte sich bestätigt.

Nach langen Gesprächen zwischen uns ist die Beziehung dann beendet worden. Es ging halt dann immer um Putzgeschichten und ähnliches. Irgendwie, glaube ich, ich habe echt einen Knacks von meiner Mutter. Und wenn ich merke, dass jemand einen Putzfimmel hat, muss ich weglaufen. Am Anfang war ich sehr traurig, weil es war schon eine schöne Zeit war, aber wir haben uns auch oft gestritten.

Andrea war auch eine tolle Frau. Danke für die Zeit.

6. Kapitel: Wieder einmal aufstehen

Bei „Jim Pizza" habe ich dann im Liefer-Dienst angefangen und Pizza aus gefahren. Doch dann habe ich ein Fahrverbot bekommen, und bin einfach dort weitergefahren und habe es keinem gesagt. Und bin weiter ohne Führerschein gefahren. Die Polizei kam in den Laden und der Beamte sagte: "Ich habe gehört du hast keinen Führerschein" Ich so: „Ja und?"

Das Fazit war: Ich bekam eine Anzeige, eine Geldstrafe und sozialen Dienst. Das war auch nicht schön, aber ich habe es getan. Wieder was gelernt.

Danach habe ich dann überlegt: Okay also entweder so rumgammeln, das ging ja nicht mehr und für andere Leute arbeiten? Nein, das ging schon alleine aus Gründen meiner Chef-Allergie nicht.

Neue Idee: als wir Silvester in Ungarn waren, kam die Idee mit Ralf Z. (Django – da er einen Gang wie ein Cowboy hatte). Wir machen uns selbständig. Er war Bauschlosser und konnte sehr gut designen und Sachen zusammenbauen- und schweißen. Ich würde diese verkaufen. So entstand die Idee, in Iserlohn einen kleinen Laden aufzumachen.

Er baute wirklich gute Möbel und an meinem Geburtstag, dem 25. Januar, haben wir den Laden eröffnet. Mein Papa hat mich auch hier wieder unterstützt. Herzlichen Dank nochmals dafür, das war immer toll und ich habe immer Hilfe von ihm bekommen. Ebenfalls von meiner Mutter und von meinem Papa, die immer hinter mir standen. Mit 10.000 DM eröffnete ich den Laden und begann, fleißig zu sein. Die Drogen und der Alkohol- Konsum wurden reduziert und ich begann mit Taekwondo zur gleichen Zeit. Ich war 21 Jahre jung.

Das Geschäft boomte, es wurde immer größer und wir haben noch einen zweiten Laden aufgemacht, in Düsseldorf. Drei Leute wollten mit einsteigen, jedoch blieben nur noch Ralf und ich übrig. Es war auch wirklich eine harte Zeit, wir haben nur gearbeitet, zwar ganz viel Geld umgesetzt, aber es blieb nicht viel übrig. Die Kosten waren zu hoch. So liefen die Läden 6-8 Jahre, wir sind jedoch zum Glück das ganze Ding wieder losgeworden, zudem Düsseldorf einen 5-Jahres Vertrag beinhaltete.

In der Zeit mit dem Möbelgeschäft hatte ich damals eine 10 Jahre jüngere Polin, Johanna, kennengelernt. Sie arbeitete zur Aushilfe unter mir in einem Jeansladen. Ich wohnte direkt in der Innenstadt von Iserlohn in der Fußgängerzone. Eigentlich fand ich ihre Freundin besser, aber die fand mich nicht gut. Johanna war echt scharf. Sie war dann das erste Mal bei mir, ich war mir bewusst, wir werden nicht lange zusammen sein, jedoch sagte ich ihr: "Wenn Du Sex lernen willst, dann bist du bei mir an der richtigen Adresse".

So habe ich ihr das beigebracht, jedoch ist sie nach 1-2 Jahren dann gegangen und ich war richtig traurig, denn ich war richtig verliebt nachher. Ein Jahr später traf ich sie durch Zufall in einer Gaststätte. Ich will mich noch mal bedanken für die Zeit, in der ich mit Dir zusammen war. „Johanna, Du hast mir auch was gezeigt, was ich vorher nie kannte", sagte ich damals schon zu ihr.

Weiter: „Am Anfang war ich nicht in Dich verliebt und wollte mit Dir nur Sex haben und ihn dir richtig gut beibringen. Doch dann habe ich mich in dich verliebt.

Und als ich so richtig in dich verliebt war, hast du Schluss gemacht. Diesen Schmerz kannte ich noch nicht. Danke, dass ich ihn durch dich erfahren durfte. Und danke für die Zeit mit dir.

7. Kapitel: Neustart auf Mallorca

Als ich meine Möbelgeschäfte aufgeben hatte und mit meinem Geschäftspartner und Freund Ralf (Django) zusammen 120.000,- DM Schulden, ging ich nach Mallorca. Ich habe dann vorher überlegt was machst du? 60.000,-DM für jeden an der Backe zu haben, ist ja überschaubar. Ich kaufte von meinem letzten Geld eine Softeismaschine und einen kleinen Bratwurststand, schickte es mit der Spedition nach Mallorca und ließ es dort einlagern.

Ich dachte, ich werde dort schon einen guten Ort finden, wo ich das anbieten kann. Als ich sechs Monate vor meiner Reise die Entscheidung getroffen hatte, dass ich nach Mallorca ziehe, kamen immer mehr Frauen in mein Leben, die wohl interessant fanden, was ich so alles so machte.

Und wie es immer so ist, wenn man alles loslässt, steigen die Chancen und ich lernte plötzlich viele

Frauen kennen. Eine davon war dann Dagmar, eine kleine Powerfrau, mit der ich viel Spaß hatte. Sie versuchte, aus ihrem Dorf Sundern rauszukommen und war bei den Zeugen Jehovas. Sie sagte, sie fange gerade an, sich Geld als Domina zu verdienen. Ich stand zwar nicht so da drauf, aber ich mochte ihre witzige, natürliche Art und wir hatten noch eine Zeitlang guten Sex und viel Spaß, bevor ich nach Mallorca ging.

Dann ging ich nach Mallorca. Es war schon eine große Herausforderung, ganz alleine, und es war nicht so einfach, wie ich es mir gedacht hatte. Es gab eine Zeit, da hatte ich nur noch 100 EUR in der Tasche. Dann bin in eine Pizzeria mit eingestiegen und durfte dort nun auch die Eismaschine an der Ecke hinstellen. Ich schmiss morgens den Laden, bereitete Pizzateig und die Nudeln vor. Ab 13 Uhr kam Mathias, der Ladenbesitzer, und wir verkauften zusammen die Pizzen. Das Geld von der Eismaschine konnte ich dann für mich behalten und es war auch eine coole Zeit. Und so konnte ich schon einen Teil der Schulden in Deutschland abtragen.

In dieser Zeit hatte ich immer noch Kontakt mit Dagmar übers Telefon. Ihre zwei Kinder waren zwischen 9 und 11. Sie fragte, was hältst du davon, wenn ich auch nach Mallorca komme? Da ich Sie finanziell nicht unterstützen konnte, musste sie wissen, ob sie in ihrem Leben etwas verändern wollte. Dagmar hat es wirklich gemacht und kam mit ihren zwei Kindern. Wir waren ein gutes Team und hatten zwei Wohnungen. Ein Zimmer wurde umgebaut, wo sie als Domina arbeiten konnte. Einmal schaute ich versteckt bei ihrer Arbeit zu und war geschockt, mit welchen Demütigungen und schlechten Worten diese Kunden "glücklich waren". Ich habe gesagt: „ok ist mir egal, Hauptsache wir kommen klar".

Matthias wollte den Pizzaladen verkaufen, weil er Pläne hatte, nach Amerika zu gehen. Die Saison war vorbei, und ich schaute, was arbeitstechnisch in Deutschland möglich war. Meinen alten Freund Ralf rief ich an und er meinte, er habe einen richtig guten Job dort als Handelsvertreter für Kabel Deutschland. Ralf, der alte Kiffer, wird jetzt seriös? Er meinte, er verdiene dort 7.500 Euro im Monat, viel Geld! Ich konnte es kaum glauben, doch er zeigte mir den Scheck. Somit sind wir wieder von Mallorca nach Bochum gezogen und Ralf brachte mich ins Geschäft. Der Job lief dann auch ein bis zwei Jahre sehr gut. Doch habe ich mich in Bochum nicht wohl gefühlt und es wurde auch die Beziehung mit Dagmar und den Kindern immer enger. Nebenbei habe ich mit Aktien gezockt und hatte aus 5000 € dann 120.000 gemacht, jedoch alles wieder verzockt.

Danach ging ich für drei Monate nach Australien für eine Selbsttherapie. Dort lernte ich in einem Backpacker-Hostel Zwacki kennen.

Es war noch ein Japaner dabei und wir hatten total Spaß. Der Japaner verstand kein Englisch, wir kein Japanisch und es war trotzdem lustig.

Zwacki und ich zogen mit einem Kombi durch Australien und wurden echt gute Freunde, bis heute. Während der Fahrt von Ayers Rock nach Darwin, wo es immer nur geradeaus ging, kletterte ich aus dem Fenster oben übers Dach und dann hinten wieder rein. Zwacki hat das Gleiche gemacht. Er hat mich abgeklatscht und wir tauschten wieder die Rollen während der ganzen Fahrt. Oder wir zählten aus Langeweile die toten Kängurus am Straßenrand. Alles in allem eine wunderschöne Zeit in Australien, die ich nie vergessen werde.

Dann bin ich wieder nach Mallorca gegangen und habe dort Blinkies verkauft.

Das war auch so eine Eingebung.

Ich war auf einer Messe in Dortmund und sah jemanden, der solche Blinkies verkaufte. Das sind LED, die es in verschieden Farben gibt. Die Blinkies sehen aus wie kleine Knöpfe mit LED und Batterien und du kannst sie durch einen Magneten überall an deinem Hemd, T-Shirt oder Mütze befestigen und zum Leuchten bringen durch Andrehen. Ich sah, dass der Verkäufer dadurch großes Aufsehen erregte. Also bin ich zu ihm hin und fragte, was das genau sei, wie es funktioniere und ob ich diese Blinkies auch bei ihm einkaufen könnte. Er sagte, „ich bin Axel und wohne in Hagen und wir können uns gerne treffen. Er erklärte mir, dass er sie von einem Freund, der Großhändler ist, einkauft und ich sie auch bei ihm einkaufen könnte. Als ich die Einkaufspreise erfuhr und dann die Verkaufspreise wusste, kam mir der Gedanke, das mache ich auch.

Dann fragte ich mich abends, bevor ich ins Bett ging „Wo soll ich die verkaufen"? Da kam ein Gedanke sofort im meinen Kopf: klar, Mallorca. Ich schrie ganz laut in meinem Bett „Ja. Klar, Mallorca" und freute mich total. Darauf die Woche flog ich nach Mallorca, es war noch Vorsaison und sprach mit dem Geschäftsführer vom Oberbayern. Mein erster Auftrag, und ich verkaufte einfach in jeder Kneipe, wo ich war, sofort die Blinkies für 6,00 bis 9,00 Euro pro Stück.

Jetzt wusste ich, DAS wird eine geniale Saison.

Ich flog zurück nach Deutschland. Kündigte meine kleine Wohnung in Bochum und fuhr mit dem Auto voller Blinkies nach Mallorca über Barcelona und nahm dann die Ferry. Ich verkaufte jede Menge Blinkies, die Saison war super erfolgreich und ich hatte jede Menge Spaß. Ich weiß noch, dass ich in Discos immer meine Cocktails mit Blinkies bezahlte, weil ich wissen wollte, ob es auch funktionierte. Und es funktionierte. Meine Vorstellungskraft war wieder voll aktiviert. Und ich verhalf auch ein paar Freunden, die mit mir die Blinkies verkauft haben, zu einem netten Zusatzgeschäft. Nach der ersten Saison mit dem Blinkies flog ich dann mit Axel nach Brasilien und wir ließen es uns dort richtig gut gehen.

Ich packte sogar Blinkies mit in meinen Reiserucksack und wir verkauften sie auch in Brasilen.

Ich blieb auch wieder drei Monate dort, lernte ca. sechs Wochen Caipoeira mit Indio in San Salvador und hatte jede Menge Sex mit hübschen Brasilianerinnen. Auch eine Reise in den Amazonas durch den Dschungel mit Ureinwohnern war ein echtes Highlight.

8. Kapitel: Wie ich Lena kennenlernte

ch wollte meine Eltern besuchen und im November/Dezember Weihnachten dort feiern. Und ich wollte natürlich auch ein paar Leute ansprechen wegen des Empfehlungsmarketings, was ich 2002 kennen gelernt hatte.

Ich wollte ein paar Heilpraktiker ansprechen, da diese eventuell das beste Potenzial hätten. Dazu gehörte Dirk, der in Letmathe wohnte und auch mit manueller Therapie arbeitete. Er fand das Konzept gut, wollte aber nichts verändern. Jedoch empfahl er mir Lena Engel, die leicht esoterisch angehaucht sei. Schon ihr Name klang vielversprechend und ich suchte die Adresse raus, um am nächsten Tag dort hinzufahren.

Sie hatte eine Praxis, arbeitete wohl dort gerade mit Kindern und dachte wohl, ich würde ein Kind abholen wollen. Ich schaute in wunderschöne blaue Augen. Ihre Ausstrahlung und die Augen faszinierten mich! Jedoch war der Zeitpunkt, dort aufzutauchen etwas unglücklich und ich verabschiedete mich. Und sagte ihr, ich würde mich morgen wieder bei ihr melden.

Ich rief sie am nächsten Tag an und wir verabredeten uns, um das Konzept des Empfehlungsmarketings vorzustellen. Ich erklärte ihr einiges, war jedoch völlig unkonzentriert und zu meiner Freude musste ich nach einer Frage feststellen, dass das gleiche bei ihr passierte.

Ich bot ihr an, ihr das Buch von Gabi Steiner zu geben „von Mensch zu Mensch", erfolgreich im Empfehlungsmarketing und sie gab mir ebenfalls eins, und zwar das Buch „Mary" von Ella Kensington. Somit stand also einem Wiedertreffen nichts im Wege.

Jetzt hatte ich natürlich eine Herausforderung, denn ich hatte ja vor drei Wochen die farbige Anja, 28 J. kennen gelernt! Ich war auch schon mit ihr im Bett, jedoch gefiel mir das Rauchen und der Alkohol-Konsum von ihr nicht.

Eine Woche vor Weihnachten traf ich mich mit Lena am Seilersee, um über das Empfehlungsmarketing zu sprechen. Dies war jedoch in diesem Fall nur „ein Vorwand", denn ich hatte starkes Interesse an ihr.

Ich empfand dieses Treffen auch als magischen Moment, wollte jedoch nicht so richtig mit der Sprache heraus. Ich hatte mir per Vision-Board eine tolle Frau bestellt – jedoch wie sollte das vereinbar sein, da ich ja weiter auf Mallorca in der Sonne leben wollte? Und wie sollte ich aus der Kurzbeziehung mit Anja rauskommen, und weitere Frage: Sollte ich mit Lena wirklich etwas anfangen?

Ganz viele Fragen strömten auf mich ein.

Zudem lud mich Lena zu ihrer Silvesterparty ein, jedoch war ich ja nun schon mit Anja verabredet. Ich hatte zwar keine Lust auf den Club mit Anja, hielt mich jedoch an meine Zusage. Dabei dachte ich aber die ganze Zeit an Lena.

Anfang Januar flog ich dann wieder nach Mallorca in meine Wohnung in Palma und wollte klar Schiff machen. Als erstes klärte ich telefonisch die Sache mit Anja und beendete die Beziehung, führte als Grund an, dass ich jemand kennengelernt hätte, wo es super passen könnte.

Was mich sehr berührte: zu meinem 40.sten Geburtstag am 25. Januar bekam ich von Lena 40 kleine Geschenke. Sie hatte sie verschickt, obwohl sie einen kleinen Unfall hatte –die Bodentreppe war ihr auf die Nase geknallt- und ich war so gerührt, dass mir die Tränen kamen vor Glück. Die Ratio in meinem Kopf fing an.

Soll ich wirklich was mit Lena anfangen? Lena lebte in Deutschland, ich lebte hier. Trotzdem telefonierte und mailte ich oft mit Lena. Sie erzählte mir von Franz, dem Postboten, und von einem Buch über einen Mann mit heilenden Kräfte und vieles mehr. Lena war ganz fasziniert von diesem Mann und ich bekam das Buch zu lesen. Sie teilte mir mit, dass Franz der Mann mit den heilenden Kräften war und er einige Wochen später nach Nürnberg kommen würde. Ich habe sofort gebucht, als ich gemerkt habe, dass Lena nach Nürnberg fahren wollte mit ihrer Mutter. Ich bin dann selbstverständlich auch mitgefahren. Der Mann hatte wirklich tolle Fähigkeiten!

Wir saßen mit 100 Leuten in einem Raum und er konnte die Gedanken und Geschichten der Vergangenheit von den anderen sehen und ihnen genau im Detail erklären.

Und zu mir sagte er: "Du bist hier neutral und schaust dir die ganzen Sachen mal an, das passt ja haargenau." Später haben wir uns dort mit Franz privat unterhalten. Er erzählte mir von den 12 Auserwählten und dass ich in diesem Fall auch einer von diesen 12 Auserwählten sei. Es ging darum, Liebe, die bedingungslose Liebe, in die Welt zu tragen. So habe ich das jedenfalls damals verstanden.

An dem Abend sind wir wieder zurückfahren. Lena fragte mich das erste Mal, ob ich bei ihr schlafen möchte und ich sagte ja.

Wir haben auch das erste Mal zusammen geschlafen und hatten auch Sex.

9. Kapitel: Gemeinsame Erfahrungen

Lena besuchte mich dann auch auf oft auf Mallorca und ich sie in Menden. Das ging etwa sechs Monate so. Dann kam ein weiteres Buch von den Postboten und einige Seminare und das Ganze faszinierte mich immer mehr. Dann sagte der Postbote, dass es 2012 zu einer Art Erneuerung kommen würde, so eine Art zumindest.

Was heißt Erneuerung - ich habe es jedenfalls so verstanden wie Krieg und Ängste. Franz ging dann mit seiner Familie nach Argentinien und sagte uns, man sollte Vorräte für sechs Wochen haben und es gäbe nur einige spezielle sichere Orte in Europa. Das wären z.B. die Pyrenäen und er erzählte teilweise Sachen mit kriegsähnlichen Zuständen und so weiter...

Dies war mir dann schon so ein bisschen suspekt, aber es hatte uns natürlich auch allen ein bisschen Angst gemacht. Denn Lena und ich hatten jetzt ja auch schon eine Tochter... die Geschichte muss ich erzählen, wie das kam!

Lena und ich wir sind nach einem Jahr pendeln zwischen Deutschland und Mallorca zusammen gezogen. Also ich bin dann nach Deutschland gegangen und habe bei ihr gewohnt. Die Wohnung auf Mallorca hatte ich aufgegeben und bin bei ihr eingezogen. Unten wohnten ihre Eltern. Das hatte mir zwar nicht so gefallen, aber ich habe es trotzdem gemacht.

Lena wollte eigentlich noch manuelle Therapie lernen, weil sie auch selber immer Rückenprobleme hatte. Sie fragte mich, ob ich nicht Lust hätte, es mit ihr in der Paracelsus Schule in Mannheim zu lernen.

Das gefiel mir aufgrund dessen, dass wir uns dann immer gegenseitig behandeln könnten. So haben wir die Ausbildung zusammen gemacht.

Ich weiß noch, wir hatten in der Nähe von Mannheim eine Ferienwohnung für die Ausbildung angemietet. Abends hatten wir Sex und als ich gekommen bin, bekam ich auf einmal wie einen Blitz in meinen Augen. Ich habe Lena angeschaut und habe gesagt: "so Lena, das war jetzt ein Kind, da kannst du von ausgehen", denn ich hatte es wirklich sofort gespürt. Lena fragte: „Echt?" Ich sagte, "ja, davon kannst Du ausgehen!"

Es war wirklich so. Es war Ostern und Weihnachten ist das Kind gekommen. Wir hatten beide den Namen Zoe Dana ausgesucht. Zoe Der Name stammt aus der Bibel und ist etwas abgewandelt worden.

Unsere Tochter Zoe Dana kam am 24.12. um 20:20 Uhr auf die Welt.

Es war das Einschneidendste und das Schönste, was ich je in meinem Leben erleben durfte. Diese Freude zu erleben, aber leider auch die Schmerzen für Lena.

Wir hatten es erst in der Badewanne mit Klangmassage versucht, sind jedoch dann ins Krankenhaus nach Herdecke gefahren. Ich habe Lena dann auf allen
Vieren im Rollstuhl in die Notaufnahme gefahren.

Lena bekam einen leichten Kaiserschnitt, es war wirklich nur ein bisschen, und als Zoe auf der Welt war, habe ich geheult, Lena auch, und sie sagte:
"Zoe hat ja die Nase von Dir, Carsten".
Dies war wirklich ein sehr, sehr, sehr schöner Moment! Wir haben auch noch zusammen im Krankenhaus geschlafen mit Zoe in der Mitte und waren einfach nur glücklich. Am nächsten Tag sind wir nach Hause gefahren, und alles was ich noch immer fühle, dass es ein wirklich sehr, sehr schönes Gefühl ist, ein neues Lebewesen in den Armen zu halten. Ein wahres Wunder. Obgleich es sicher auch stressig war, besonders für Lena. Es gehört für mich zu den wirklich einzigartigsten und magischsten Momenten in meinem Leben. Danke dafür, dass ich das erleben durfte.
Dadurch dass wir viel mit dem Postboten zusammen waren und viele Seminare absolvierten, und er mir bescheinigte, dass ich auch ebensolche Fähigkeiten habe, wusste ich trotzdem nicht, was wir denn nun tun sollten.
Der Scheck vom Empfehlungs-Marketing war noch nicht so hoch, das wir davon leben konnten. In Deutschland wollten wir nicht leben. Es waren plötzlich viele Ängste da, von Lena, ihren Eltern, auch von mir. Wir haben da wohl immer in die falsche Richtung geschaut. Heute sehe ich das so: Worauf du den Fo-

kus richtest, das passiert in deinem Leben. Dann haben wir erst geguckt, wie ist es denn in den Pyrenäen? Dann sind wir in die Pyrenäen gefahren und uns gefragt, wollen wir hier wohnen? Eindeutig: Nein.

Der Postbote absolvierte sein letztes Seminar und sagte, er gehe nach Argentinien und somit haben wir uns über Argentinien informiert. Jedoch war dort die Kriminalität definitiv zu hoch. Dann kam Uruguay in Frage, weil es ein kleines Land mit weniger Kriminalität ist. Dann haben wir alles gekündigt, Lenas Eltern haben alles gekündigt und viele Dinge verkauft, sowie nur das Notwendigste mitgenommen, was wir brauchten.

Andere Menschen haben uns ja kaum geglaubt und das brauchtest du auch keinem erzählen... das war schon echt eine heftige Zeit.

Der Postbote sagte, dass er noch ein Seminar in Argentinien hält, wir meldeten uns an und wollten dann auch gleich in Südamerika bleiben und danach nach Uruguay ziehen. Der Papa von Lena, Gerd, würde nachkommen, da er in Deutschland noch ein wenig Geld verdienen wollte/musste. Ich hatte schon so ein komisches Gefühl, und hatte ja auch nicht genug Geld. Jedenfalls waren wir auf diesem Seminar und ich weiß noch, wir wurden von Franz abgeholt. Ich sah in sein Gesicht und sein stark entzündetes Auge und dachte, irgendwas läuft hier falsch. In der ersten Nacht, holte er mich aus dem Bett und sagte: „Du willst mich hier wohl verarschen, Du hast kein Geld und willst mich jetzt hier über den Tisch ziehen. Dann bringst du auch noch deine Frau und Tochter in einen schlechten Ruf"! Dann erfuhr ich von ihm, er habe Lena erzählt, dass ich kriminell gewesen sei und so weiter und dass ich in meinem Leben nur schlechte Sachen getan hätte. Somit war er irgendwie auf der anderen Seite und ich hatte gar keinen Zugang mehr.

Mir schien es, dass Franz jetzt anders war als zu Anfang, als ich ihn kennengelernt hatte. Ich konnte auch nicht weg und es war echt eine harte Zeit für mich. Diese eine Woche Seminar haben mich so durch den Wolf gedreht, das war absoluter Wahnsinn. Nach der Woche Seminar wollten wir nach Uruguay gehen.
Im Seminar war Franz scharf auf meinen Laptop Ich sollte ihm das Laptop übergeben als Wiedergutmachung sozusagen und die 12 Koffer alleine nach Uruguay tragen, weil ich ja angeblich nur auf Kosten anderer leben würde und kriminell wäre. Er gab mir seinen alten Laptop und ich ihm meinen Neuen. Lena, Zoe und die Mutter Eva sollten dann nach Uruguay fliegen. Ich sollte mit dem Bus von Buenos Aires fahren und die 12 Koffer mitnehmen. Somit bin ich mit 12 Koffern von Buenos Aires nach Uruguay mit drei Mal umsteigen dort angekommen. Das hatte ich geschafft!

10. Kapitel: Ärger am Horizont

Dann begann das Theater in Uruguay. Lena und ihre Mama waren wie ausgewechselt. Ich war auf einmal der Buhmann und ich wäre derjenige, der alle mit der Karre in den Dreck gezogen habe. Ich durfte nicht mehr im Schlafzimmer schlafen. Zu Zoe hatte ich auch immer weniger Kontakt. Stattdessen sollte ich nur noch Wiedergutmachung leisten und arbeiten. Zudem kam, dass sie mich für drei Tage rauswarfen. Sie hatte immer noch telefonischen Kontakt zu Franz in Argentinien. Ich sollte ständig irgendwelche Aufgaben übernehmen. Während dieser Zeit lebte ich mehr oder weniger auf der Straße und schlief in einer kleinen, einmal ein Meter großen Hütte und arbeitete bei einem Argentinier, dem ich beim Hausbau half. Das war wirklich echt hart. Zu Zoe hatte ich wenig Kontakt, und wenn, dann machte ich in Lenas Augen sowieso alles falsch.

Gerd kam kurze Zeit später zu uns und ich hatte nur noch den Gedanken: Erst einmal wieder nach Deutschland zurückgehen, dort arbeiten und Geld verdienen. Die Saison in Punta del Este (Uruguay) dauerte sowieso nur vier Monate. Gerd hatte mir den Flug nach Deutschland bezahlt. (Danke noch mal dafür!) Bei meinem Freund Olaf in Berlin angekommen, den ich vorher angerufen hatte, erhielt ich von ihm 300 Euro. Diese Hilfe werde ich auch nicht vergessen, ein wahrer Freund. Ich konnte sogar vorübergehend bei ihm in seiner kleinen 25 m²- Wohnung wohnen. In Berlin habe ich dann mit Olaf Safties verkauft und es lief ganz gut.

Lena und ihre Eltern kamen ca. einen Monat später aus Uruguay zurück. Wir fanden eine Wohnung in Letmathe. Die Eltern jedoch klemmten sich immer gleich an sie heran. Sie ließen ihre Tochter nicht los und zogen gleich in den Nachbarort. Die Wohnung in Letmathe genügte Lena bald nicht mehr, weil sie dort ab und zu auch behandelte und die Wohnung noch als Praxis nutzen wollte.

Und ich habe nur gearbeitet: Empfehlungsmarketing aufgebaut, in den Schulen als Coach gearbeitet, Safties verkauft auf den Märkten – also 3-4 Jobs nebeneinander – und das ganze sozusagen als Wiedergutmachung. Das schwang immer noch nach. Und immer, wenn ich irgendetwas unternehmen wollte mit Zoe, war alles nicht richtig, „was und wie ich es" tat.

Lena wollte auch wieder in einem ganzen Haus wohnen, so dass wir schließlich beschlossen, in das alte Haus ihrer Eltern nach Menden zu ziehen. Dort übernahm ich die aufwendige Renovierung. Ich hatte sogar an meinem Geburtstag durch gearbeitet, weil ich fertig werden wollte. Auch das war wieder eine echt harte Zeit.

Sex mit Lena lief da schon lange nicht mehr, denn es ging ihr alles auf die Nerven. Ich schlief im anderen Schlafzimmer, da sie meinte, ich würde schnarchen. Auch das war eine sehr, sehr harte Zeit. Sie kümmerte sich immer sehr liebevoll um Zoe und um mich gar nicht mehr. Ich war nur noch der Bezahler und hatte das Gefühl, ich müsse Buße tun. Ich hatte gar keinen

Zugang mehr zu Lena. Darüber reden wollte sie auch nicht. Ich sollte nur funktionieren, zumindest war das mein Gefühl.

Kurze Zeit später hatte ich Gabriel kennengelernt, der bei mir zum Training erschienen war. Ich bot damals auch Tae Kwon Do an und bekam dafür noch 20 € die Stunde. Natürlich lief auch das nebenbei, noch zu allen anderen Verpflichtungen zwei Mal in der Woche. Ich hatte Gabriel auch das Empfehlungsmarketing vorgestellt und ihn dann das Training alleine leiten lassen, weil er sehr gut war. Ich habe ihm immer geholfen, habe ihn auf Märkte mitgenommen und geschaut, dass er auch Geld dazuverdient, da er ja ein junger Student war. Irgendwann sagte er mir, er fühle sich nicht mehr wohl in seiner WG. So fragte ich Lena, ob er auch bei uns wohnen könne. Sie war einverstanden, er zog in ein kleines Zimmer und beteiligte sich dann auch an der Miete.

Im Laufe der Zeit bemerkte ich, dass die beiden sich immer besser verstanden. Gabriel hatte sich offensichtlich in Lena verliebt und auch von ihrer Seite kam etwas zurück, so wie ich es deuten konnte. Meine Zeit dagegen bestand nur aus Arbeit und Märkte bedienen, sogar noch am Wochenende war ich unterwegs. Wenn ich trainierte, war Gabriel auf einmal zu Hause und hatte irgendeine Verletzung mit einem fadenscheinigen Argument. Die zwei absolvierten auch Seminare zusammen, an denen ich aufgrund der Arbeit nicht teilnehmen konnte. Irgendwie merkte ich immer mehr, dass zwischen den beiden etwas lief. Ich bin so ein „alter Indianer", ich halte mein Wort und würde nie die Frau oder Freundin von einem Freund anbaggern. Das würde ich wirklich nicht tun! In dem Fall der beiden wusste ich jedoch – dass genau das hier passiert war. Es war Weihnachten und ich konnte die Situation nicht mehr ertragen, ich wollte nicht weiterhin so tun, als ob alles in Ordnung wäre. Obwohl Zoe am 24.12. Geburtstag hatte, und ich das eigentlich noch abwarten wollte, lief mir am 25.12. morgens in der Küche der Kessel über. Ich fragte Lena: „was läuft denn hier? Ich kann ja nicht so tun und mich blind stellen... es läuft doch da was mit Gabriel". Und fügte hinzu: „Ich schmeiße den Gabriel jetzt raus, da ich dieses falsche Spiel nicht mag und auch nicht mehr ertragen kann". Da sagte Lena glatt zu mir: „Ne, du musst gehen, pack du deine Sachen und verschwinde."

11. Kapitel: Vor die Tür gesetzt

Völlig fassungslos bin ich nach oben gegangen und habe meine Sachen gepackt. Ich fuhr wieder zu meinem Freund Olaf nach Berlin und wollte eigentlich nur paar Tage bleiben. Ich wollte ihn sowieso besuchen nach Weihnachten, aber ich dachte immerzu, ich glaube NICHT, was da gerade passiert war. Lena hat mich rausgeschmissen und war mit Gabriel zusammen!!
Wo ich mir doch so Mühe gegeben hatte allen gerecht zu werden. Olaf hatte mir gleich den Schlüssel von der Wohnung besorgt und war selber noch ein

paar Tage unterwegs. Ich war alleine und hing meinen Gedanken nach.

Da ich ja vorher schon alles geahnt hatte, wollte ich nun noch meine Intuition testen, indem ich den beiden eine Email schrieb. Gabriel schrieb ich, dass ich ihn als Freund sehr schätzen würde, zurzeit nicht mehr an Lena herankäme. Ob er als Freund eine Lösung hätte? Lena schrieb ich, dass ich gerne noch ein Gespräch haben möchte, da wir uns irgendwie auseinander gelebt hätten, und ob es eine Lösung gäbe für uns. Von beiden bekam ich keine Antwort!

Zwei Tage später hatte ich einen Traum, in dem Gabriel mit Lena schlief und wurde davon wach. Zurück gefahren bin ich auch erst am 6. Januar, da ich es hätte nicht ertragen können, dass beide zusammen Silvester feierten. Völlig entgeistert stand ich dann in einem fast leeren Haus. Meine Sachen waren noch da, aber Gabriels, Lenas und Zoes Sachen waren weg. Telefonisch konnte ich auch niemanden erreichen. Verzweifelt versuchte ich Gerd, den Papa von Lena zu erreichen- keiner ging ans Telefon! Irgendwann bekam ich eine SMS von Lena mit dem Wortlaut: „Zoe und ich, wir sind bei meinen Eltern, wir brauchen Ruhe!" Ich fragte, wo ist denn Gabriel? Antwort: keine Ahnung. Ah, dachte ich, jetzt beginnen die ganzen Lügen. Zoe, meine Tochter wollte ich gerne sehen. Mit dem Argument „sie will Dich nicht sehen", war es nicht möglich. Auf meine Frage, was mit Gab-riel sei, wurde wieder verneint und gesagt, es sei „nichts". Ich wollte Zoe sehen, doch es wurde mir immer verweigert.

Mittlerweile hatte ich eine Mediation gemacht mit der Caritas, um zu sehen, ob noch etwas von unserer Beziehung übrig war und damit ich meine Tochter zu sehen bekomme. Jedoch wurde ich immer nur hingehalten. Zoe durfte ich nur unter Aufsicht sehen, da sie das unglaubliche Argument äußerte „Du, Carsten, entführst Zoe". Sollte ich meine eigene Tochter entführen? Welch' ein abstruser Gedanke! Auch das habe ich mitgemacht, damit ich meine Tochter überhaupt sehen kann. Wir waren nach ein paar Wochen wieder bei der Caritas und Lena meinte, sie müsse mir etwas sagen…."ich bin schwanger"! Wütend, enttäuscht und aufgelöst sagte ich: „Ah, schwanger, aber Du hast ja nichts mit Gabriel!!"

Ich bin nur wütend rausgelaufen zu unserem alten Haus, dort, wo sie nun wohnten. Ich habe geschellt und er machte mir grinsend die Tür auf! Er dachte ja, Lena steht vor der Tür. Ich schaute Gabriel direkt in seine Augen und sagte: „Ich wollte nur mal dem Arschloch in die Augen gucken, dass mich die ganze Zeit so verarscht hat". Er schmiss schnell die Tür vor meiner Nase zu und ich fuhr. Mir kam nur in den Sinn: Mann, was sind das für Menschen, wie kann man so sein? Ich könnte nie so sein. Meiner Meinung nach müsste man sich doch so einer Situation mal stellen, wenn man genug Arsch in der Hose hat!

Ja, am liebsten hätte ich dem Gabriel natürlich mal so eine richtige saftige Ohrfeige verpasst. Ich war so enttäuscht von den beiden Menschen!

Ich zog nach Hemer. Ab und zu bekam ich mal Zoe, aber nur wenn Lena es wollte. Am Anfang mit Aufsicht und später doch alleine. Es lief jedoch alles nur mit Kontrolle. In der Zeit schrieb ich ein Buch und ich schrieb auf, wofür ich dankbar bin, was ich gelernt habe in Bezug auf bedingungslose Liebe. Erst mit der neu gewonnenen Einsicht über diese bedingungslose Liebe konnte ich meine Geschichte verarbeiten.

Ich habe mich gefragt, warum passiert mir sowas, was will mir das sagen?

Es war schon nicht einfach, immer wieder kamen bei mir Verletzungen hoch, emotional. Ich weiß noch, dass ich den Film „Klang des Herzens" geschaut habe. Ich habe den Film bestimmt drei Mal gesehen und fing immer dabei an zu weinen und es hörte nicht auf.

In Hemer habe ich dann gesagt, ich möchte jetzt jemand kennenlernen, der anders ist als Lena und habe mir die ganzen positiven Eigenschaften aufgeschrieben. Ich möchte jetzt erstmal in einem schönen Haus wohnen und nicht mehr in einer Wohnung, damit ich meine Ruhe haben konnte. So kam es, denn meine Schwester hatte so ein kleines Haus. Eine Mieterin von ihr kündigte und ich nahm das kleine Haus zur Miete.

12. Kapitel: loslassen und vergeben

Ein schöner Zufall: ich habe Sabrina kennengelernt, da ich mal falsch vor ihrer Yogaschule geparkt habe. Wir trafen uns dann bei mir in der Gartenstraße, meinem neuen Zuhause und gründeten einfach eine WG.

Einfach mal schauen, ob das funktioniert.

Sabrina ist dann mit ihren drei Katzen eingezogen und das war auch gut. Ich habe uns erst als WG gesehen, dann jedoch noch viel mehr... eine tolle Frau mit einem richtig großen Herz. Ja, und so ist eine Beziehung zwischen Sabrina und mir entstanden.

Mit Lena, das hörte ja auch nicht auf. Ich versuchte, es auch vor Gericht hinzubekommen, damit ich meine Rechte als Papa in Anspruch nehmen kann, um meine geliebte Tochter Zoe sehen zu können. Dann waren wir auch noch vor Gericht und Lena fing an, Geschichten zu erzählen. Der Richter meinte: „Passen Sie auf, was Sie da gerade sagen", denn es kam eine Äußerung: „Und dann war der Kindsvater auch mit unserer Tochter in der Badewanne". Sie hielt jedoch zum Glück den Mund! Ich dachte, WAS man aus Angst alles machen kann, unglaublich! Was wollte sie mir denn jetzt unterstellen...? „Wie verzweifelt muss man sein?", kam mir sofort in den Kopf.

Dann sagte der Richter, wir seien gleichberechtigte Eltern und wir mussten sogar vor Gericht etwas unterschreiben müssen, an das wir uns halten sollten.

Ich habe jedoch festgestellt, dass du als Papa keine Chance hast, wenn die Mama nicht mitspielt.

Ich habe dann mit mehreren Mediatoren gesprochen und mit vier oder fünf vom Gericht beauftragten Fachleuten und alle meinten das Gleiche! Wenn die Mama nicht will, dass du das Kind siehst, hast du keine Chance! Du kannst es entweder gerichtlich beauftragen - das kostet viel Geld, oder Du lässt es los!

Im Nachhinein hat die Mutter immer den größten Einfluss. Sie sagt zum Beispiel einfach: „Sie ist krank, sie will dich einfach nicht sehen etc." Was ich auch sehr oft vorfand: Wie oft war ich da und wollte sie abholen und dann rannte sie nach oben. Lena meinte: "Jetzt kannst du sehen, wie Du Dein Kind kriegst." So etwas tut im Herzen weh, das gönne ich keinem. Wie oft stand ich vor der Tür um Zoe abzuholen und dann drehte sie sich um und wollte nicht mit. Wie kann man in so einer Situation noch irgendetwas richtig machen? Ich wollte ja niemanden zwingen.

Ich bin sehr, sehr traurig, Zoe, dass es so gelaufen ist. Ich kann es nur leider nicht ändern. Zurzeit läuft noch eine Klage wegen des alleinigen Sorgerechts.

Anstatt einmal nach so langer Zeit (fast sieben Jahre) zu sagen; „Lass die Vergangenheit ruhen, jeder hat Fehler gemacht, wir vergessen und vergeben alles und lassen nun Frieden und Ruhe einkehren. Aber nein, es hört leider nicht auf. Es könnte alles viel einfacher sein. Was wäre es schön, Zeit mit Zoe in den Ferien zu verbringen! Ein guter Freund und Heiler hat mir mal gesagt, lass einfach alles los.

Das hört sich so einfach an. Wenn du deine Tochter über alles liebst und Du sie nicht sehen darfst. Und die Mama setzt alles daran, dass der Papa aus ihrem Leben verschwinden soll. Aber das ist das, was ich halt lernen darf - das ist auch loszulassen und auch Menschen zu lieben, wenn sie nicht so sind wie Du das gerne hättest.

Das ist für mich die bedingungslose Liebe.

Egal was noch passieren wird ich werde Zoe immer lieben und immer in meinem Herzen tragen. Ich bin auch dankbar für alles, was gerade in meinem Leben geschieht – alles- das Gute und das Schlechte. Das ist Wachstum und so kann ich weiter an mir wachsen. Das ist für mich bedingungslose Liebe.

Hier noch einige heilsame Methoden, die mir immer geholfen haben:

Gedankenkraft
Selbstliebe

Affirmationen mit positiven Gefühlen in dir zusammen bringen.
Ich bin ein Genie in positiven Affirmationen und positiven Gefühlen und bringe sie jetzt zusammen.
Ich finde jetzt Wege, dass ich sie fühlen kann.
Ich will mit meiner Quelle verbunden sein.
Es ist mir wichtig, wie ich mich fühle und
ich will mich gut fühlen.
Ich weiß, was zu tun ist, um mich gut zu fühlen.

Ich bin ein machtvoller Schöpfer und das Universum arbeitet Hand in Hand mit mir an der Schöpfung wundervoller Dinge.
Heute will ich mich lebendig fühlen und aufgeschlossen sein, bei den Dingen, die ich tue.
Ich möchte mir bewusst sein, wie ich mich fühle.
In jeder Situation. Auch wenn ich Gespräche führe.

Ich möchte mir über all meine Gedanken bewusst sein und meine vorherrschende Absicht ist, gute Gedanken zu denken.

Und ich will mit meiner Quelle verbunden sein und weiß wie ich es anstelle,

auch wenn ich es nicht immer schaffe, ich finde schnell wieder einen Weg, mich gut zu fühlen, denn mein vorherrschende Absicht ist heute, so nah wie möglich mit mir verbunden zu sein.

RITUAL MORGENS / ABENDS

Was ist wenn ich morgens aufwache und der Denker in meinem Kopf beginnt sofort an zu rotieren?

Ich habe direkt Sorgen und Ängste und mache mir Gedanken um den Tag, den ich erleben werde?

Mache es Dir zu einem Ritual, dich am Abend an schöne Momente des Tages zu erinnern.

An schöne Begegnungen, für die Du dankbar bist.

Diese gute Schwingung wirst Du dann mit in den Schlaf nehmen.

Und am nächsten Morgen, wenn Du wieder aufwachst, versuche Dich an all das Schöne zu erinnern, woran Du am Vorabend noch gedacht hast.

Finde immer einen Gedanken, der sich für Dich GUT anfühlt.

Wenn Du das jede Nacht machst und jeden Morgen, wirst Du Deine gewohnten Gedankenmuster verändern.

Du wirst Dich mehr auf die Gedanken und Bilder konzentrieren, die Du Dir wünschst.

Dir wird es in jeder Hinsicht immer besser und besser gehen.

WUT / TRAURIG

Wie gehe ich mit den Menschen um, die mich traurig oder wütend machen?
Die nicht liebevoll mit mir umgehen?

Du hast es Dir bis jetzt zur Gewohnheit gemacht, Dich auf das zu konzentrieren, was Du NICHT willst.
Du kannst es Dir auch zu einer neuen Gewohnheit machen, Dich auf das auszurichten, was du willst.

Die Menschen in Deiner Umgebung nehmen immer genau die Schwingung wahr, die DU aussendest.
Wenn Du in einer negativen Emotion verhaftet bist, halte inne und mache Dir kurz bewusst:
Ich fühle gerade eine negative Emotion.
Was ich aber möchte ist: ich will mich GUT fühlen!
Und ich möchte mich auch mit dem Menschen, der da gerade vor mir steht, gut fühlen.

In jedem Menschen ist zu jeder Zeit die Wahrscheinlichkeit vorhanden, sowohl offen und frei zu sein, als auch verschlossen,
glücklich zu sein, als auch traurig.
positiv zu sein, als auch negativ.
in Harmonie zu sein oder wütend und ärgerlich.

Auf was möchtest Du Dich konzentrieren?
Was fühlt sich für Dich besser an?

Es fühlt sich immer besser an, Dich mehr auf den Anteil des Menschen zu konzentrieren, der positiv, frei und voller Freude ist.
Denn dies ist die Essenz, die in jedem von uns liegt.

Was Du tun kannst:

Nimm Dir beispielsweise einen kleinen Zettel.
Denke an einen Menschen, mit dem Du Dich gerade nicht in Harmonie befindest.
Dieser Mensch hat jedoch neben dem, worauf Du aktuell konzentriert bist auch viele gute Eigenschaften.
Notiere einfach 3 positive Aspekte und hefte sie an eine Pinnwand.
Immer dann, wenn Dir weitere Situationen und Menschen begegnen, in denen Du negative Emotionen verspürst.
Dann nimm erneut einen solchen Zettel zur Hand und notiere wieder den Namen und dazu 3 gute Eigenschaften.

Später, wenn Du auf diese Zettel blickst, wirst Du in einer guten Schwingung sein und sendest diese sogar im gleichen Moment automatisch an die betreffende Person.

GEFÜHLSBAROMETHER

Wie komme ich aus einer schlechten Energie in eine gute zurück?

Es geht immer darum, dass es Dir gut geht.
Du kannst nicht direkt aus einem sehr negativen Gefühl direkt in die Liebe gehen.
Du kannst es jedoch schrittweise vollziehen.
Finde dazu immer ein Gefühl, was Dir in dem Moment dabei hilft, Dich besser zu fühlen.
Zu jeder Zeit kannst Du sagen: ich will und werde mich immer besser fühlen.
Vom Zweifel kommst Du in den Hass.
Vom Zorn in die Frustration.
Aus der Hoffnung in die Wertschätzung.
Sobald Du in der Hoffnung bist, beginne Listen mit positiven Dingen zu machen.
Gehe ins Restaurant und suche Dir Deine Lieblingsspeise aus.
Lege Dir gute Musik auf oder finde Bilder aus
deiner Vergangenheit, die sich für Dich gut angefühlt haben.
Erinnere Dich an eine Situation in Deinem Leben, in der Du Dich glücklich gefühlt hast.
Schenke dem, der Du bist, Deine volle Aufmerksamkeit.
Es ist nicht Deine Aufgabe, darüber nachzudenken, was andere über Dich denken.
Sondern es wichtig, was DU über die anderen denkst.

VERGEBUNGSRITUAL

Ich möchte die Muster, die meine negativen Erfahrungen verursachen, loslassen.
Jetzt, wirklich jetzt, bin ich in meiner Kraft und fühle mich frei.
Ich vergebe dir, denn sie wissen nicht was sie tun.

Heilung mit Liebe geschieht im Jetzt.
Danke.

>Hier die CD Lieben Lernen bestellen <

Ich wünsche mir, dass ich mich weiter entwickle ,
Altes loslasse, Allen vergebe,
Angst, Kritik, Groll, Schuld meide,
und mich selbst liebe und anerkenne .

Ich wünsche allen Menschen ein Leben
in
Freude,
Fülle,
Frieden,
Freiheit,
Liebe und Gesundheit.

In Liebe Carsten Baroth

CPSIA information can be obtained
at www.ICGtesting.com
Printed in the USA
BVHW031817310821
615695BV00003B/836